Bibliografische Information der Deutschen Nationalbibliothek:

Die Deutsche Bibliothek verzeichnet diese Publikation in der Deutschen National-
bibliografie; detaillierte bibliografische Daten sind im Internet über http://dnb.d-
nb.de/ abrufbar.

Impressum:

Copyright © 1995 GRIN Verlag
Druck und Bindung: Books on Demand GmbH, Norderstedt Germany
ISBN: 9783668991729

M. Sartorio

Zur Rezeptionsgeschichte von Paul Klee

GRIN Verlag

Universität des Saarlandes

FB 7.7 Kunstgeschichte

Proseminar: Paul Klee und die Moderne

Sommersemester '95

Thema: Zur Rezeptionsgeschichte von Paul Klee

Einleitung

Zur Definition der Rezeptionsgeschichte in der kunsthistorischen Forschung eignet sich ein Zitat aus Walter Benjamins "Begriff der Geschichte"[1]:

„ Es gibt ein Bild von Klee, das Angelus Novus heißt. Ein Engel ist darauf dargestellt, der aussieht, als wäre er im Begriff, sich von etwas zu entfernen, worauf er starrt. Seine Augen sind aufgerissen, sein Mund steht offen und seine Flügel sind ausgespannt. Der Engel der Geschichte muß so aussehen. Er hat das Antlitz der Vergangenheit zugewendet. Wo eine Kette von Begebenheiten vor uns erscheint, da sieht er eine einzige Katastrophe, die unablässig Trümmer auf Trümmer häuft und sie ihm vor die Füße schleudert. Er möchte wohl verweilen, die Toten wecken und das zerschlagene zusammenfügen. Aber ein Sturm weht vom Paradiese her, der sich in seinen Flügeln verfangen hat und so stark ist, daß der Engel sie nicht mehr schließen kann. Dieser Sturm treibt ihn unaufhaltsam in die Zukunft, der er den Rücken kehrt, während der Trümmerhaufen vor ihm zum Himmel wächst. Das, was wir den Fortschritt nennen, ist dieser Sturm. “

Diese Interpretation von Walter Benjamin, geschrieben 1940 in seinem Pariser Exil, ist an sich schon eine Vorgabe hin zur Rezeptionsästhetik.

- Rezeptionsästhetik als Mittel in der Literaturwissenschaft
- Rezeptionsgeschichte als Teil der Kunstgeschichte

 beide Begriffe vermischen sich inhaltlich oft, stehen aber auch in einem gewissen Gegensatz.

Die Rezeptionsgeschichte läßt sich in drei Hauptströmungen gliedern[2]:

- Wanderung künstlerischer Formulierungen
- literarische Rezeptionsgeschichte
- Geschichte des Geschmacks

Auf Klee bezogen ist die Wanderung oder auch Wandlung künstlerischer Formulierungen für die Zeit nach 1945 interessant.

Die literarische Rezeptionsgeschichte will ich u.a. für die NS-Zeit anwenden, sowie für theoretische Formulierungen von Klee selbst und für Autoren die sich zu Lebzeiten Klees mit ihm beschäftigten.

Die Geschichte des Geschmacks könnte man aus den v.g. Formulierungen ableiten.

Auch über die Abgrenzung zur Rezeptionspsychologie definiert sich die Rezeptionsgeschichte bzw. Rezeptionsästhetik, obwohl m.E. diese Abgrenzung für Paul Klees Werk nur bedingt zulässig ist. Sein Schaffen insgesamt, also auch sein theoretischer Beitrag, lassen grundlegende psychologische Gegebenheiten erkennen. S. Freud war ein Zeitgenosse Klees.[3]

Nicht umsonst ist Klee ein Vertreter der Moderne oder vielmehr des Internationalen Stils, sowie die Psychoanalyse Freuds eine Wissenschaft unseres Jahrhunderts ist. Der Zusammenhang Freud-Klee ist wissenschaftlich noch völlig unerforscht.[4]

Über diesen Abriß wie Rezeption in der Kunstgeschichte definiert werden kann, nun zu einer kurzen biographischen Übersicht zur Vitae Klees:[5]

1879	* 18.12.1879 in Münchenbuchsee/Bern, Vater (1849-1940): H. Klee, Deutscher (Bayern), Musiklehrer in Bern-Hofwil. Mutter (1855-1921): Sängerin, Französin (Südfrankreich).
1880	Umzug nach Bern
1883	Erste Datierung noch erhaltener Kinderzeichnungen Paul Klees.
1886	Beginn Schulbesuch und Geigenunterricht.
1889	Erste Landschaftsmalereien
1892	Erste dichterische Versuche. Skizzenbücher sind aus der Schulzeit erhalten.
1898	Maturitätsprüfung/Bern (vgl. Abitur). Beginn der Tagebuchführung. Bewerbung und Ablehnung an der Kunstakademie in München. Besuch der privaten Kunstschule H. Knirrs.
1899	Lernt seine zukünftige Ehefrau, die Pianistin Lily Stumpf kennen (1876- 1946). Einführung i.D. Techn. d. Rad. durch W. Ziegler.
1900	Studiert Malerei an der Akademie in München (Klasse F. v. Stuck). Erste Begegnung mit Kandinsky.
1901	Beendet Studium. Erste Radierungen.

1902	Rückkehr nach Bern. Anatomiestudien. Erste Kunstdidaktische Niederschriften. Verpflichtet sich als Geiger im Berner Stadtorchester (Lebensunterhalt).
1903	Erste eigenständige Gestaltungskonzeption. Zeichnungen und Hinterglasbilder. Karikaturen unter Einfluß des Jugendstils und Symbolismus.
1904	Honorarverpflichtung im Sinfonieorchester. Gibt Mal- und Violinunterricht. Erwägt Weglassungen in seinen Tagebüchern.
1905	2-wöchige Parisreise mit H. Bloesch u. L. Moilliet. Experiment: Ritz-Zeichnungen auf geschwärzten Glasplatten.
1906	Heirat mit L. Stumpf. Übersiedlung nach München. Ausstellung von Radierungen (Sezession). Der "Simplicissimus" lehnt Veröffentlichungen Klees ab.
1907	* Felix Klee. Erste u. einzige Veröffentlichung einer politischen Karikatur in einer Berner Zeitschrift.
1908	Besuch der Aktschule von W. v. Drebschitz. Zweite Ausstellung in der Sezession. Beeindruckt von: van Gogh, Cézanne u. Marée.
1910	Anerkennung durch Kubin. Wanderausstellung Bern-Zürich-Winterthur.
1911	Fortsetzung der Wanderausstellung nach Basel. Illustrationen zu Voltaires Candide. Besuch von Moilliet. Freundschaft mit A. Macke. Bekanntschaft mit: Kandinsky, Marc, Campendonk, Münter, Arp, Jawlensky. Es folgt der „Blaue Reiter".
1912	Ausstellung in München mit Marc und Kandinsky. Freundschaft mit Marc. Zweite Parisreise. Begegnung mit Rousseau, Picasso, Braque, Derain, Vlaminck, Matisse. Besuch der Kunsthandlung Kahnweiler. Bekanntschaft mit Delaunay. Übersetzung Delaunays "Über das Licht". Köln, Sonderbundausstellung.
1913	Stilwandel unter Einfluß der Kubisten.
1914	Tunisreise mit Macke und Moilliet. Findet Beziehung zur Farbe.
1915	Bekanntschaft mit Rilke.
1916	Wird zum Kriegsdienst verpflichtet. Kein Fronteinsatz. Malt weiter und hält Kontakt zu seinen Freunden und Bekannten.

1917	Ausstellung in Berlin. Beteiligung an einer Dada-Ausstellung in Zürich.
1918	Essay "Schöpferische Konfession". Illustrationen zu Däublers „Silberner Sichel". Entlassung aus der Armee. Einstellung der Tagebuchaufzeichnungen.
1919	Zunehmendes Interesse an Klees bisherigem Werk. Soll nach Stuttgart zu O. Schlemmer berufen werden. Ablehnung durch Lehrerkonvent.
1920	Erste große Ausstellung von Bedeutung. Berufung ans Bauhaus durch W. Gropius.
1921	Beginn der Lehrtätigkeit am Bauhaus. Ergebnis der Ausarbeitung seines theoretischen Unterrichtes: „Beiträge zur bildnerischen Formenlehre". Sog. Hausenstein-Buch über Klee erscheint.
1922	Entwurf eines Gobelins. Gestaltungstheorie zusammen mit Kandinsky. „De Stijl" u. Lissitzky beeinflussen Klee.
1923	Rechenschaftsbericht: Staatl. Bauhaus 1919-1923.
1924	Ausstellung in New York. Gruppe die „Blauen Vier" (Feiniger, Jawlensky, Kandinsky, Klee). Auflösung des Bauhauses.
1925	„Pädagogisches Skizzenbuch". „Bauhausbücher", Herausgeber: Moholy-Nagel. Beteiligung an Surrealisten-Ausstellung in Paris (Aragon, Crevel, Eluard).
1926	Übersiedlung nach Dessau. Es erscheint Kandinskys „Punkt und Linie zur Fläche" Italienreise.
1927	Bekanntschaft mit dem „Suprematismus".
1929	Ägyptenreise. Ausstellungen in Berlin und Paris.
1930	Ausstellung im Museum of Modern Art in New York.
1931	Beendigung der Lehrtätigkeit am Bauhaus. Übernimmt an der Düsseldorfer Akademie eine Malklasse.
1932	Schließung des Bauhauses begleitet durch Haus- und Heimsuchungen der SA.
1933	Für Klee wird der Aufenthalt in Deutschland unhaltbar, er emigriert mit Familie nach Bern.
1934	Das Klee-Buch von Grohmann wird in Deutschland von der Gestapo beschlagnahmt. Kirchner besucht Klee.
1935	Klee Retrospektive in Bern u. Basel.

1937	Picasso besucht Klee in Bern. Begegnung mit Kandinsky. NS-Propagandaausstellung „Entartete Kunst" in München mit Werken von Paul Klee. Beschlagnahmung von ca. 100 Werken Klees in Deutschland.
1938	Bauhaus-Ausstellung im Museum of Modern Art in New York u.a. mit Werken Klees.
1939	Besuch von Braque
1940	Ausstellung in Zürich. Stirbt ohne Abschluß des Einbürgerungsverfahrens (Zögern der schweizer Behörden) in Muralto/Locarno/Tecino am 29. Juni 1940 an einer langen und schmerzhaften (damals) unheilbaren Hauterkrankung.

Zwecks Übersichtlichkeit habe ich die rezeptionsgeschichtliche Entwicklung in insgesamt vier Phasen aufgeteilt.

Phase I beschreibt Kindheit und familiären Hintergrund bis zu den ersten größeren Erfolgen als Maler Ende des 1. Weltkrieges. Diese Zeitspanne von 1879 bis 1919/1920 wird rezeptionsgeschichtlich durch die Herausgabe der Tagebücher, 1957 abgedeckt[6]. Heute kann man davon ausgehen, daß es Paul Klees Absicht gewesen ist, seine Tagebücher der Öffentlichkeit zugänglich zu machen. Nachträgliche Korrekturen durch Paul Klee und die Anrede an einen imaginären Leser lassen diesen Schluß zu.

Die handschriftlichen Aufzeichnungen sind transkripiert erschienen. D.h. durch die Einführung zahlreicher Zeichen, erklärt in einer Legende, wird auf Änderungen der Form, der Rechtschreibung, der Grammatik usw. hingewiesen.

Die originalen Aufzeichnungen sind schwierig zu lesen. Es besteht insbesondere durch die Einführung dieser Zeichenregelung die Möglichkeit das Original mit der Transkription zu vergleichen.[7]

Vom Inhalt beschreibt Klee die Zeitspanne zwischen Kindheit und 1918

Von besonderem Interesse ist Klees Entscheidung sich der Malerei und nicht der Musik zu zuwenden. Klees Vater arbeitete wie bereits gesagt als Musiklehrer in Bern. Fundierte musikwissenschaftliche Kenntnisse, sowie die professionelle Beherrschung der Violine rühren sicher hierher.

Klee spielt als Geiger im Berner Stadtorchester und arbeitet später als Musiklehrer in München.

Nach Klees Ansicht ist die Entwicklung der klassischen Musik um die Jahrhundertwende festgefahren, so daß aus seiner subjektiven Einschätzung kein Fortschritt für ihn darin möglich gewesen wäre.[8]

Klee sucht also für sich ganz bewußt die Malerei aus, weil er der festen Überzeugung ist, diese für sich und generell weiterentwickeln zu können, was ihm unbestreitbar gelungen ist.

Mit Phase II will ich seinen internationalen Durchbruch beschreiben. Die Eckdaten sind hier die Berufung ans Bauhaus bis hin zu seiner Emigration nach Bern/Schweiz. Seine Bekanntschaften und Reisen aus der Vorkriegszeit und natürlich das große Glück nicht an die Front gemußt zuhaben, sind die Basis für seinen stetig zunehmenden Erfolg.[9]

Mit der Berufung ans Bauhaus entsteht das pädagogische Skizzenbuch, vergleichbar mit Kandinskys „Punkt und Linie zur Fläche". In dieser Zeit beschäftigt sich Klee auch intensiv mit der Verbindung von Musik hin zur Malerei. Er stellt z.B. Gesetzmäßigkeiten auf, vergleichbar mit den Naturwissenschaften, in denen er auch bewandert war und begründet u.a. eine Farbentheorie. Beachtlich ist der hohe Abstraktionsgrad.

Ferner entwirft Klee eine Notation, in der nicht nur wie bisher üblich Tempo, Lautstärke usw. angegeben sind, sondern auch "die Farbe der Musik".[10]

Der Weg zur internationalen Beachtung führt jedoch über Paris. Dort arrangiert der (jüdische) Kunsthändler Alfred Flechtheim verschiedene Ausstellungen, in denen Klee neben Picasso vertreten ist.

Paris war die damalige Kunst- und Kulturmetropole wie New York heute.

Klees Bilder wurden in Paris als ausgesprochen nicht „typisch-deutsch" aufgenommen und diskutiert. Ich betone das an dieser Stelle, da der vermeintliche Zusammenhang national und deutsch in einigen früheren Publikationen[11] zu Klee oft in fast absurder Weise hergestellt wurde.

Damit komme ich zur Phase III. Die von mir hier vorgenommene Einteilung reicht von der Vertreibung Klees aus Deutschland im Jahre 1933 bis zu seinem Tod 1940.

In den 30er Jahren wird Klee als betont deutscher Künstler in vielen Kunstkritiken der damaligen Zeit besprochen. Diese Haltung sollte sozusagen eine gütliche Einigung zwischen dem Maler Klee und der Kulturpolitik des 3. Reiches herbeiführen.[12]

Spätestens mit der Ausstellung "Entartete Kunst", 1937, konnte diese Haltung, die aus dem international-modernen Klee einen "reinrassig" deutschen Maler gemacht hätte, nicht mehr aufrecht gehalten werden.

Die Zwitschermaschine in der Ausstellung "Entartete Kunst" und der Ausstellungstext zu den Klee Bildern vermitteln einen Eindruck der Kunstauffassung in dem damaligen Deutschland. Klee wird von Rudolf Probst z.B. als "reiner Geistesbesessener" bezeichnet. Probst ist Mit-verfasser der Kulturideologie des 3. Reiches und hat die Ausstellung „Enartete Kunst" mit initiiert.[13]

Schließlich wird Klee sogar als „Schweizer-Jude" verunglimpft.

Natürlich bleibt die Machart dieser Ausstellung als eine Art „Panoptikum der Obskuritäten" nicht ohne Wirkung, zumal die Ausstellung „Entartete Kunst" bei der breiten Bevölkerung gerade durch diesen Charakter der Präsentation einen großen Zulauf hatte.

Eine ablehnende Grundhaltung gegenüber der Moderne wurde somit nicht nur in der breiten Masse verankert, sondern zeigte auch bei einem Teil der intellektuellen Oberschicht bis in die späten 50er Jahre ihre negative Wirkung.

Weltkrieg, Emigration und das lange Einbürgerungsverfahren in der Schweiz behindern Klee in der Zeit von 1933 bis 1940 beträchtlich.

Zwar ist Klee in Bern keinen Repressalien ausgesetzt, jedoch bewirkt die geopolitische Insellage der Schweiz im 2. Weltkrieg, daß internationale Beziehungen nur zögerlich aufrecht erhalten werden können.

Die etwas provinziell-kleinbürgerlich eingestellten Berner neigen zu elementarer Ablehnung gegenüber der Kunst Klees. Die kleine schweizerische Avantgarde versucht jedoch Klee zu helfen wo immer das möglich ist.

1940 stirbt Klee in Muralto/Locarno/Tecino ohne nach einem 1-jährigen Einbürgerungsverfahren die schweizerische Staatsangehörigkeit erhalten zu haben. Diese zögerliche Haltung der Behörden erweist sich im Nachhinein als großer Fehler für Bern und die Schweiz, da das Gesamtwerk Klees nun nicht mehr als nationales Erbe der Schweiz tituliert werden konnte. Eine Konzentration auf Bern hätte auch für die Kunstforschung Vorteile gehabt.

Die Verteilung des Werkes auf verschiedene Städte macht die Klee-Forschung u.U. zu einem reiseintensiven Unterfangen.

Phase IV bezeichnet die Zeit nach 1945 bis heute. Hier beginnt die relativierende Rezeptions-geschichte; d.h. das eigentlich Interessante ist die Kritik an den Rezeptionsvorgaben zu Klee bis dahin. Den Schwerpunkt lege ich hier auf die Aussagen von Werckmeister und Hopfengart.

Werckmeister, von der Weltanschauung ein Marxist, kommt durch seine Analyse zu weiteren Erkenntnissen für die Zeit zwischen den beiden Weltkriegen.

Hopfengart stützt sich z.T. in ihrer Dissertation auf Werckmeister. Auch de Chapeaurouge greift auf Werckmeister zurück. Fast unabhängig zu den Genannten arbeitet Regel in seinem Buch, das aus Aufsätzen, Vorträgen, Rezensionen usw. besteht.

Zurück zu Werckmeister.

Das Zitat am Anfang meines Referates ist seinem Buch entnommen und nimmt Bezug auf W. Benjamin, der den „Angelus Novus" gekauft hatte. Dieses Bild befindet sich heute in Jerusalem (Israel Museum)[14]. Benjamin, ein jüdischer Schriftsteller, mußte wegen den deutschen Rassegesetzen emigrieren und verübte in Port Bou/Katalonien/Spanien/ Selbstmord. An der Stelle wo er sich umbrachte ist zu seinen Ehren vor einigen Jahren ein Denkmal errichtet worden. Benjamin war u.a. eine quasi Kultfigur der West-Deutschen-Linken in den 50er Jahren.

Werckmeister stellt nun die Aussagen Benjamins, insbesondere die zu dem „Angelus Novus" neben verschiedene Aussagen Klees und kommt aus der Bewegung des Begriffs Geschichte wie Benjamin ihn definiert hat, zu der Feststellung, daß der Maler Paul Klee und der Historiker bzw. Schriftsteller Benjamin in ihren jeweiligen Aussagen kongruent sind.

Ein wichtige Kapitel in Werckmeisters Buch sind die Bemerkungen zu Klees „kindlicher Kunst". Er diskutiert hier die Kontroverse über die Definition, was denn überhaupt "kindliche Kunst" sei und ob es so etwas überhaupt gibt.

Klees Kunst wurde ja oft im Negativen wie im Positiven als kindlich bezeichnet. So beleuchtet Werckmeister auch die Politisierung und Ideologisierung der sog. Kinderkunst im 3. Reich.

Picasso soll einmal gesagt haben: „Ich male nicht was ich sehe, sondern das was ich denke."[15]

O.K. Werckmeister sieht die Karriere Klees zu Anfang der 30er Jahre auf dem Höhepunkt, also in der mittleren Schaffenszeit. 1933 ist Klee schon ein moderner Klassiker. Das Spätwerk oder die Spätphase sieht er durch Krankheit und Exil behindert.

Dort wo Werckmeisters "Versuche über Paul Klee" aufhören, will ich mit Christine Hopfengarts Dissertation "Klee vom Sonderfall zum Publikumsliebling" fortfahren.

Hopfengart legt den chronologischen Anfang ihrer Dissertation ins Jahre 1905, wie auch der Untertitel ihrer Arbeit angibt. Durch die klare Vorgabe einer Rezeptionsgeschichte auf literarischer Basis, der Untertitel in voller Länge lautet: „Stationen seiner öffentlichen Resonanz 1905-1960", bringt es Hopfengart zu einer etwas polemischen Kritik an Werckmeisters Buch, eigentlich ergänzt sie ihn.

Sie beschreibt Klees Erfolge in den USA, die offizielle Verfolgung im 3. Reich. Beides sind Stellen, die Werckmeister nicht ausreichend beleuchtet oder dies einfach nicht wollte, weil sein Buch anders angelegt ist.

Werckmeisters literarische Betrachtung Klees ist punktuell in die Tiefe gehend, dagegen ist die Dissertation Hopfengarts mehr linear-chronologisch angelegt.

Dies erlaubt es mir an dem Punkt 1945 in ihre Dissertation einzusteigen. Sie beschreibt hier verschiedene Publikumsreaktionen auf die gut besuchten Klee-Ausstellungen der Nachkriegszeit und Bemühungen der Aussteller Klee in den Katalogen wiederum fatalerweise als spezifisch deutschen Vertreter der Moderne ans Publikum zu „verkaufen". Das Wirtschaftswunderland Bundesrepublik Deutschland hat als Nachfolger des Deutschen Reiches eine werbewirksame Aufwertung bitter nötig. Man macht dabei aber den gleichen Fehler wie in den 30er Jahren: - Klees Werk wird im kunsthistorischen Sinn hier oft als „das Deutsche" in der Moderne definiert.

Das Aufzeigen dieses Zusammenhangs ist eine bemerkenswerte Leistung der Dissertation Hopfengarts.

Ein weiterer wichtiger Punkt ihrer Arbeit ist der Nachweis der Kompilation in Spillers „Paul Klee, das bildnerische Denken". Spiller, selbst Künstler, vermengt in seinem Werk das Skizzenbuch Klees mit seinen eigenen kunsttheoretischen Erkenntnissen zu einem quasi undurchdringlichen „Dschungel".

Es ist so gut wie unmöglich hier Spiller von Klee zu trennen.

In der Dissertation ist es ihr auch gleichzeitig gelungen, Spillers Buch die Wissenschaftlichkeit abzusprechen, ihm aber gleichermaßen eine hochrangige Stellung in der Kleeforschung beizumessen.

Einen weiteren Augenmerk wirft sie auf die Popularisierung von Klee. Der Titel lautet „... zum Publikumsliebling".

- Copyrights der Werke oder auch Adaptionen sind auf Kleidungsstücken, Teppichen usw. seit den 60er Jahren im Handel - also in Konsequenz auf die großen Ausstellungserfolgen der 50er Jahre. Seit der sog. Renaissance der „Neuen Sachlichkeit" dekoriert auch hier und da ein Poster mit einem Werk von Paul Klee eine Wand.

Vielleicht kann man sogar behaupten, Paul Klee habe diese Popularisierung gewollt. In seinen Tagebüchern wendet er sich an einen imaginären Leser. Er setzte die Veröffentlichung also voraus.

Donat de Chapeaurouges „Paul Klee und der christliche Himmel" nimmt in der Hauptsache bezug auf Werckmeisters „Versuche über Paul Klee".

De Chapeaurouge detailliert noch einmal Klees Lebensentwurf und Genese. Anhand des Kapitels "Angelus Novus" wird aber deutlich, daß er gegenüber Werckmeister nicht viel Neues zu sagen hat.

Wirklich interessant ist hier die Tatsache, daß sich Klee schon 1920 von Steiner und seiner Lehre, der Anthroposophie, distanziert hat. Denkbar ist, daß Klee aus der Lektüre der Steinerschen Glaubenslehre, die er lächerlich fand, den „Angelus Novus" geschaffen hat, den "Neuen Engel". Folgerichtig muß es auch einen „Alten Engel" gegeben haben, so Klees vom Titel her implizierte Logik. Der „Angelus Novus" als Abgesang auf die Steiner-Lehre, so Chapeaurouge.

Ob Klee nun Atheist im Sinne Ludwig Feuerbachs gewesen ist, läßt sich wie Chapeaurouge es vielleicht darstellen will, nicht eindeutig klären. Wenn es einen Gott für Klee gab, so war er sehr weit weg von dem Irdischen und den Menschen.

Auch das viel beschworene Metaphysische, was das auch immer sein mag, konnte ich bei meiner ersten bewußten Begegnung mit Klees Werk nicht ausfindig machen.

Die Ausstellung „Wachstum regt sich", vor einigen Jahren in der „Modernen Galerie" in Saarbrücken gezeigt, hat doch sehr deutlich gezeigt, daß der Künstler sich mit der damals noch sehr jungen Wissenschaft Biologie kritisch auseinander gesetzt hat.

Er ließ deren rationale Gesetzmäßigkeiten in seine Kunst einfließen und führte somit eine Art Dialektik zwischen Geistes- und Naturwissenschaft herbei, mit dem Ziel das zu erklären oder zu hinterfragen, was reine Wissenschaft, kategorisch formuliert, nicht leisten kann und nicht will.

Was ich in der mir bekannten neueren Literatur vermißt habe, sind Erkenntnisse über die modernen Techniken Klees ein Bild quasi zu erfinden. Wie man neuerdings feststellte, hat Klee oft die Schere eingesetzt, um Bilder aus verschiedenen Zeiträumen seines Schaffens zu zertrennen und dann die Teile zu einem Ganzen neu zusammen zu setzen.

Man kann diesen Prozeß als Metamorphose bezeichnen.

Auch die Spritz- und Schabloniertechnik, die Klee in die bildende Kunst neu eingeführt hat, wird meiner Meinung nach zu wenig beachtet. Er hat damit völlig neue Ergebnisse erzielt.

Es bleibt also in der Klee-Forschung noch einiges für die Kunstgeschichte zu entdecken, insbesondere zu der Maltechnik. Unser Jahrhundert ist auf die Technik fixiert. Diese Betonung auf die Technik ist auch ein Merkmal der Moderne generell und vom Zusammenhang Klee/Moderne nicht zu trennen.

Roman Jakobson analysiert in seinem Buch „Hölderlin-Klee-Brecht" in dem Kapitel „Der Maler Paul Klee als Dichter" auf sprachwissenschaftlicher Ebene ein Gedicht aus den Tagebüchern.

In seiner sehr exakten Untersuchung kommt Jakobson von der poetischen Form auf den Zusammenhang zwischen grammatischen und geometrischen Konzepten[16]. Schließlich stellt er am Schluß seines Aufsatzes ein Schema in Tabellenform auf, in dem die einzelnen Verspaare eine Symmetrieachse zu den anderen sprachwissenschaftlich definierten Aussagen nach dem Inhalt bilden.

Andrew Kagan beschäftigt sich in seinem gleichnamigem Buch „Art + Music" mit dem Zusammenhang von Malerei und Musik bei Klee.

Zum zentralen Gegenstand seiner Betrachtung macht er das Gemälde „Ad Parnassum". Der Titel „Ad Parnassum" leitet Klee von „Gradus ad Parnassum" ab. „Gradus ad Parnassum" ist ein feststehender Ausdruck für Titel von Werken die in die lat. oder gr. Verskunst einführen; zu etwa: „Stufe zum Pernaß", der altgr. Musenberg und Dichtersitz.

1725 wählt Johann Josef Fux (1660-1741) diesen Titel für eine seiner Opern. Fux ist am Wiener Hof Komponist und erwirbt mit diesem Lebenswerk in ganz Europa Ruhm als Meister des Kontrapunktes.

Mozart, Haydn und Beethoven haben auf dieses Schlüsselwerk der Kontrapunktion zurückgegriffen.

Kontrapunkt und Polyphonie stehen allgemein für die Vielschichtigkeit der abendländischen Musik. Kagan kommt nun über diesen Bezug zu der Aussage, daß „Ad Parnassum" der Höhepunkt in Klees Werk sei. Er begrenzt dies auf die deutliche Bezugnahme des Titels hin zu dem musikalischem Vorbild, sowie aus Einflüssen der Musikwissenschaft in Klees Theorie.

Aus Sicht der Rezeptionsästhetik vermittelt Kagans Untersuchung eine gute Basis zum Verständnis des Zusammenhangs zwischen Theorie und bildnerischem Werk Klees.

Andeheinz Mösser nun widmet seinen Aufsatz „Das Problem der Bewegung bei Paul Klee" einer speziellen Betrachtungsweise zu Klees Werk.

Die Bewegung im eigentlichen Sinn, also physikalisch, sowie metaphorisch auf den zeitgeschichtlichen Zusammenhang übertragen[17]. spielt bei Klee eine zentrale Rolle. In den Naturbetrachtungen zur Flora ist die bildnerische Sichtbarmachung des Wachstums z.B. ein Element der konkreten Bildgestaltung.

Der tektonische Aufbau bei Stadtansichtichten vermittelt auf eine eigenartige Weise den Eindruck, daß Architektur auch dynamisch verstanden werden kann und legt gleichzeitig auch bei anderen Bildern Klees dem Betrachter die Stadien der Bildentstehung offen. Somit werden quasi Raum und Zeit im Schaffen Klees zu einer Einheit.

Anmerkungen:

---

[1] s. Litverz.: O.K. Werkmeister

[2] s. Litverz.: W. Kemp

[3] s. Litverz.: S. Freud

[4] Es besteht hier ein zeitlicher Zusammenhang in der Entstehungsgeschichte, d.h. viele Elemente der Psychoanalyse sind in die Moderne Malerei eingeflossen, so z.B. am deutlichsten in den Surrealismus (Traumdeutung).

[5] Auszug in gekürzter Form aus Regel, G. (s. Literaturverz.)

[6] s. Litverz.: Klee Felix (Hrsg.)

[7] Seitengleiches Mitverfolgen von Klees handschriftlichen Aufzeichnungen mit der Transkription.

[8] Ich finde es aus der heutigen Sicht schade, daß Klee einen John Cage oder A. Braxton nicht mehr erleben durfte. Aber das nur am Rande bemerkt.

[9] vgl.: psychische Zerstörung Kirchners durch den 1. Weltkrieg. Franz Marcs Tod, mit Marc hat Klee im Briefwechsel gestanden. Italienreise, Reise nach Paris, Tunisreise.

[10] Litverz.: Runge

[11] Diese Haltung findet man in NS-Schriften, um Klee quasi als Deutschen zu "rehabilitieren" und nach Ende des 2. Weltkrieges in einigen Ausstellungskatalogen, um Klee als den "guten" Deutschen zu verkaufen.

[12] Klee wurde von den Verantwortlichen dieser Art von Kulturpolitik niemals um eine Stellungnahme gebeten, sondern man versuchte ihn anfänglich für die ideologischen Zwecke des Nationalsozialismus zu vereinnahmen. Ziel war es, das sog. Deutsche in der Kunst in Position zu bringen.

[13] s. Litverz.: Guemther, P.

[14] Wie der "Angelus Novus" dorthin gerettet werden konnte, ist noch offen.

[15] Ein Kind versucht in seinen Zeichnungen die Realität unmittelbar abzubilden, im Gegensatz dazu definiert sich die klassisch-moderne (abstrakte) Malerei u.a. über den Ausdruck eines bestimmten Denkens in der bildnerischen Form.

[16] S. Jankobson, R.: Seite 105

[17] s.: Pädagogisches Skizzenbuch, Paul Klee im phys. Sinn, sowie Werkmeisters Zusammenführung Benjamin/Klee: "Angelus Novus" als chronologische Bewegung

Literaturverzeichnis

Buderer, Hans-Jürgen u.a.; Paul Klee / Konstruktion / Intuition; Erscheinungsj. o.A.; Erscheinungsort vermutl. Stuttgart (Hatje Verlag)

de Chapeaurouge, Donat; Paul Klee und der christliche Himmel; 1990; Stuttgart

Freud, Sigmund; Vorlesungen / Zur Einführung in die Phsychoanalye; 1933; Berlin

Giedion-Welcker, Carola; Paul Klee in Selbstzeugnissen und Bilddokumenten; 1961; Leck

Guenther, Peter u.a.; "Entartete Kunst" / Das Schicksal der Avantgarde im Nazideutschland; 1991; Los Angeles

Holst, Iomogen; Das ABC der Musik; 1992; Stuttgart

Hopfengart, Christine; Klee / Vom Sonderfall zum Publikumsliebling; 1989; Mainz

Hüter, Karl-Heinz; Das Bauhaus in Weimar; 1976; Berlin

Jakobson, Roman; Hölderlin / Klee / Brecht - Zur Wortkunst dreier Gedichte; 1960; Zürich

Kagan, Andrew; Paul Klee / Art & Music; 1983; London

Kemp, Wolfgang u.a.; Eine Einführung in die Kunstgeschichte; 1988; Berlin

Klee, Paul; Pädagogisches Skizzenbuch; 1925; Frankfurt/M.

Klee, Felix (Hrsg.); Paul Klee / Tagebücher 1898-1918; 1957; Köln

Mösser, Andeheinz; Das Problem der Bewegung bei Paul Klee; 1976; Heidelberg

Paul, Jean; Jean Pauls Werke; 1884; Stuttgart

Regel, Günther; Paul Klee / Kunst-Lehre; 1991; Leibzig

Werkmeister, O.K.; Versuche über Paul Klee; 1981; Frankfurt/M.